Dopamina En Equilibrio

<u>Guía práctica para controlar tu mente y potenciar tu vida.</u>

<u>Capítulo 1: Introducción – Qué es la dopamina y por qué importa</u>

La dopamina es uno de los neurotransmisores más importantes en nuestro cerebro, a menudo conocida como la "molécula de la motivación" o el "químico de la recompensa".

Esta sustancia química juega un papel clave en nuestras emociones, la toma de decisiones, la motivación, el aprendizaje y la capacidad de disfrutar de las recompensas.

En este capítulo, vamos a entender cómo funciona la dopamina en el cerebro y

cómo influye en diferentes aspectos de
nuestra vida diaria.

¿Qué es la dopamina?

La dopamina es una sustancia química que
se libera en el cerebro como parte de la
respuesta de recompensa. Se asocia con
sensaciones de placer y satisfacción, pero
también está involucrada en el control de
movimientos y la regulación de la
atención.

Cuando realizamos una actividad que nos
da placer (como comer, hacer ejercicio, o
incluso recibir una recompensa), el
cerebro libera dopamina, lo que nos
motiva a repetir esa acción. Sin embargo,
el exceso de dopamina también puede
llevar a la dependencia y la búsqueda de

recompensas instantáneas, como las adicciones.

¿Por qué es importante controlar la dopamina?

El equilibrio en la liberación de dopamina es clave para nuestra salud mental y emocional. Un nivel demasiado bajo de dopamina puede generar apatía, falta de motivación y depresión. Por otro lado, un exceso puede llevar a comportamientos impulsivos, adicciones y estrés.

Controlar los niveles de dopamina nos permite optimizar nuestra motivación, aumentar nuestra productividad y tomar decisiones más equilibradas, sin caer en los peligros de la gratificación instantánea.

El impacto de la dopamina en nuestra personalidad

Cada persona tiene una relación única con la dopamina, lo que se refleja en sus rasgos de personalidad. Algunas personas son más propensas a buscar recompensas inmediatas y gratificación, mientras que otras son más reflexivas y enfocadas en el largo plazo. En los próximos capítulos, exploraremos cómo puedes identificar tu tipo de personalidad dopaminérgica y aprender a regular tus niveles de dopamina para potenciar tu vida.

Ejercicio práctico: Reflexiona sobre tu relación con la dopamina.

¿Qué actividades disfrutas más? ¿Son actividades que te dan una gratificación instantánea o son más a largo plazo? ¿Sientes que en algunos momentos buscas la gratificación inmediata? Reflexiona sobre cómo te afecta en tu vida diaria.

Este capítulo proporciona una base sólida para comprender qué es la dopamina y por qué es fundamental controlarla. En los próximos capítulos, profundizaremos en cómo tu personalidad influye en tu relación con la dopamina y cómo regularla para mejorar tu vida.

Capítulo 2: Dopamina y personalidad – Cómo influye en diferentes tipos de personas

Cada uno de nosotros tiene una relación única con la dopamina, lo que afecta directamente a nuestra personalidad, nuestras decisiones y nuestro comportamiento. En este capítulo, exploraremos cómo la dopamina puede influir en los diferentes tipos de personalidad y cómo identificar tu propio estilo dopaminérgico.

Los tres grandes tipos de personalidad dopaminérgicos

En general, existen tres grandes perfiles relacionados con la dopamina que se reflejan en nuestras conductas diarias. Estas categorías nos ayudan a entender cómo la dopamina influye en nuestras motivaciones y comportamientos:

1. Los buscadores de novedad

Las personas con altos niveles de dopamina tienden a buscar nuevas experiencias, emociones y sensaciones. Este tipo de personalidad está relacionado con la exploración, la creatividad y una alta motivación para emprender proyectos nuevos. Sin embargo, el exceso de dopamina puede llevarlos a tomar riesgos innecesarios o caer en comportamientos impulsivos.

2. Los centrados en el logro

Este tipo de personalidad está más enfocado en metas y logros a largo plazo. Las personas con una dopamina equilibrada se sienten motivadas por el esfuerzo y la recompensa que viene después del trabajo duro. Su satisfacción proviene de alcanzar metas y superar obstáculos, pero pueden ser propensos a la procrastinación si sus niveles de dopamina no están bien gestionados.

3. Los reflexivos y calmados

Las personas que tienen niveles más bajos de dopamina pueden ser más reservadas y reflexivas. Estas personas tienden a buscar estabilidad, tranquilidad y lo conocido. Si bien suelen ser muy buenos en la planificación y la toma de decisiones a largo plazo, pueden enfrentarse a la falta de motivación si no se estimulan de la manera adecuada.

Identificando tu tipo de personalidad dopaminérgica

Para poder controlar la dopamina de manera efectiva, es crucial saber qué tipo de personalidad tienes. A continuación, te invito a reflexionar sobre algunas preguntas para identificar tu tipo de personalidad dopaminérgica:

¿Te sientes más motivado por nuevas experiencias o por metas a largo plazo?

¿Tiendes a buscar sensaciones fuertes, o prefieres la calma y la estabilidad?

¿Te es fácil empezar proyectos nuevos, o prefieres quedarte en lo conocido?

Este ejercicio te ayudará a determinar cuál es tu tipo de personalidad y cómo puedes trabajar con tu dopamina para mejorar tu bienestar y productividad.

Ejercicio práctico: Descubre tu tipo de personalidad dopaminérgica.

Responde a las siguientes preguntas para reflexionar sobre tu relación con la dopamina:

¿Qué te motiva más? ¿La idea de nuevos desafíos o la satisfacción de lograr algo tras un esfuerzo prolongado?

Cuando te enfrentas a una tarea difícil, ¿prefieres tomar un riesgo y probar algo nuevo o seguir un camino probado y seguro?

¿Cómo te sientes cuando no recibes gratificación inmediata por tus esfuerzos? ¿Te frustra, o eres capaz de mantener la motivación a largo plazo?

Al entender tu tipo de personalidad dopaminérgica, podrás aplicar estrategias específicas para regular tu dopamina y mantenerla equilibrada. En el próximo capítulo, nos enfocaremos en cómo regular naturalmente los niveles de dopamina en tu vida diaria a través de hábitos saludables.

Capítulo 3: Identifica tu relación con la dopamina – Test práctico

En este capítulo, nos enfocaremos en ayudarte a identificar cómo interactúas con la dopamina en tu vida diaria. Conocer tu relación con este neurotransmisor es clave para entender cómo puedes optimizar tu motivación, reducir comportamientos impulsivos y alcanzar un equilibrio emocional.

Test: ¿Cómo te relacionas con la dopamina?

A continuación, te proponemos un test práctico que te permitirá identificar cómo la dopamina influye en tu comportamiento y qué tan bien gestionas tus niveles de motivación y recompensa. Responde con sinceridad a cada pregunta.

Instrucciones: Lee cada afirmación y marca la opción que mejor describa tu comportamiento o sentimiento.

1. Cuando logro algo, me siento más motivado a seguir trabajando.

    a) Siempre

    b) A veces

    c) Rara vez

2. Tiendes a buscar nuevas experiencias, aunque no siempre tengas un plan claro.

a) Siempre

b) A veces

c) Rara vez

3. Cuando enfrento una tarea difícil, me siento tentado a dejarla a medio camino si no recibo gratificación inmediata.

a) Siempre

b) A veces

c) Rara vez

4. Prefiero actividades que ofrezcan recompensas a corto plazo, como un descanso o un pequeño gusto.

a) Siempre

b) A veces

c) Rara vez

5. Las recompensas a largo plazo (como alcanzar metas grandes) me motivan de manera más duradera que las recompensas inmediatas.

a) Siempre

b) A veces

c) Rara vez

6. Me resulta difícil mantener el enfoque sin un incentivo o recompensa clara.

a) Siempre

b) A veces

c) Rara vez

Interpretación de resultados:

Mayoría A: Buscador de novedades
Tienes una relación activa con la dopamina y tiendes a buscar nuevas experiencias y gratificación inmediata. Puedes tener una alta motivación, pero también es posible que te enfrentes a dificultades para mantener el enfoque en metas a largo plazo. Es importante encontrar un equilibrio entre la búsqueda de recompensas inmediatas y la satisfacción de logros más profundos.

Mayoría B: Centrado en el logro
Tienes un buen equilibrio entre la gratificación instantánea y las

recompensas a largo plazo. Tu motivación se basa en metas claras y alcanzables, lo que te ayuda a mantener el enfoque. Sin embargo, debes cuidar de no caer en la procrastinación o en la falta de recompensa que pueda desencadenar el agotamiento o la frustración.

Mayoría C: Reflexivo y calmado
Prefieres la estabilidad y el control sobre las recompensas inmediatas. Es posible que experimentes dificultades para mantener la motivación sin recompensas rápidas. El reto para ti será encontrar formas saludables de aumentar tu motivación sin depender excesivamente de las gratificaciones inmediatas.

Ejercicio práctico: Plan de acción según tu tipo de personalidad.

Ahora que tienes una idea de tu relación con la dopamina, el siguiente paso es aplicar estrategias para equilibrar tus niveles y optimizar tu motivación:

Si eres un buscador de novedades, trata de establecer metas claras y a largo plazo para canalizar tu energía hacia proyectos más sostenibles. Puedes agregar recompensas pequeñas pero significativas a lo largo del camino para mantener la motivación.

Si eres un centrado en el logro, asegúrate de celebrar tus logros más pequeños y no solo los grandes. Establecer descansos y recompensas regulares puede ayudarte a evitar el agotamiento y la procrastinación.

Si eres reflexivo y calmado, busca formas de estimularte de manera gradual. Puedes comenzar por establecer metas pequeñas y a corto plazo, con recompensas que te ayuden a generar un círculo de motivación. Este ejercicio te permitirá comprender mejor tu relación con la dopamina y adaptar tus estrategias para regularla de manera efectiva. En el próximo capítulo, exploraremos cómo ajustar naturalmente tus niveles de dopamina a través de hábitos saludables y cambios en tu estilo de vida.

Capítulo 4: Regulación natural de la dopamina – Alimentación, ejercicio y hábitos diarios

Una de las formas más efectivas de controlar nuestros niveles de dopamina es a través de hábitos diarios saludables. En este capítulo, exploraremos cómo la alimentación, el ejercicio y otras prácticas cotidianas pueden ayudarte a equilibrar la dopamina de manera natural.

<u>Alimentación y dopamina</u>

Lo que comemos tiene un impacto directo en la liberación de dopamina en el cerebro. Algunos alimentos estimulan la producción de dopamina, mientras que otros pueden contribuir a su desequilibrio.

1. Alimentos que estimulan la dopamina:

Proteínas: Los aminoácidos, que se encuentran en alimentos ricos en proteínas como carne magra, pescado, huevos, y legumbres, son esenciales para la producción de dopamina.

Frutas y verduras: Los alimentos ricos en antioxidantes (como las bayas, espinacas, zanahorias) ayudan a proteger las neuronas dopaminérgicas y a mantener su salud.

Alimentos ricos en grasas saludables: Los aguacates, las nueces y el aceite de oliva pueden ayudar a mantener un equilibrio saludable de neurotransmisores.

2. Alimentos que pueden desajustar los niveles de dopamina:

Azúcar refinado y carbohidratos procesados: Estos alimentos pueden causar picos y caídas repentinas en los niveles de dopamina, lo que puede contribuir a la ansiedad y la falta de motivación.

Cafeína: Aunque puede proporcionar un aumento temporal en los niveles de dopamina, el consumo excesivo de cafeína puede desregular el sistema de recompensa y afectar negativamente el equilibrio a largo plazo.

Ejercicio físico y dopamina

El ejercicio no solo es bueno para el cuerpo, sino que también es una herramienta poderosa para regular la dopamina. La actividad física constante estimula la producción de dopamina y ayuda a equilibrar el sistema de recompensa.

1. Ejercicio aeróbico: Actividades como correr, nadar o montar en bicicleta son especialmente efectivas para liberar dopamina y mejorar el estado de ánimo.

2. Entrenamiento de fuerza: El levantamiento de pesas o el entrenamiento de resistencia también puede estimular la dopamina y aumentar la sensación de bienestar.

3. Mindfulness y ejercicio suave: El yoga y la meditación pueden ayudar a reducir el estrés y equilibrar los niveles de dopamina de forma gradual y equilibrada.

Hábitos diarios que regulan la dopamina

Además de la alimentación y el ejercicio, hay varios hábitos que puedes incorporar a tu rutina diaria para ayudar a regular los niveles de dopamina:

1. Dormir bien: El sueño es esencial para la producción y regulación de la dopamina. Asegúrate de dormir entre 7 y 9 horas cada noche para

mantener tu cerebro y cuerpo en equilibrio.

2. Exposición a la luz solar: La luz natural ayuda a regular los niveles de dopamina y a mantener un estado de ánimo positivo.

3. Evitar el estrés crónico: El estrés prolongado puede afectar negativamente los niveles de dopamina. Intenta incorporar actividades que reduzcan el estrés, como leer, caminar o escuchar música relajante.

4. Conexiones sociales: La interacción social positiva también aumenta los

niveles de dopamina. Rodearte de personas que te apoyen y compartir experiencias agradables puede mantener tus niveles de dopamina equilibrados.

Ejercicio práctico: Crea tu rutina diaria para equilibrar la dopamina.

1. Planifica tu alimentación diaria: Incluye al menos una fuente de proteína magra, frutas y verduras ricas en antioxidantes, y grasas saludables en cada comida.

2. Incorpora 30 minutos de ejercicio: Ya sea caminar, nadar, o hacer yoga, asegúrate de realizar algún tipo de ejercicio todos los días.

3. **Asegúrate de descansar bien:**
   Planifica una rutina de sueño que te
   permita dormir entre 7 y 9 horas
   cada noche.

4. **Encuentra momentos para relajarte:**
   Dedica al menos 10 minutos al día
   para desconectar, hacer algo que
   disfrutes y reducir el estrés.

5. **Fomenta tus relaciones sociales:**
   Mantén contacto con amigos o
   familiares, incluso si es por un breve
   momento cada día.

Estos hábitos son pasos clave para regular
naturalmente los niveles de dopamina. Si

los integras en tu vida diaria, notarás mejoras en tu motivación, bienestar y productividad. En el próximo capítulo, exploraremos cómo evitar el exceso de dopamina y el riesgo de adicciones, así como estrategias para mantener un equilibrio saludable.

Capítulo 5: Dopamina y productividad – Cómo optimizar la motivación sin agotamiento

El equilibrio adecuado de dopamina no solo afecta nuestro estado emocional y nuestras relaciones, sino que también juega un papel crucial en nuestra productividad. La dopamina es la chispa que enciende nuestra motivación para alcanzar metas, pero si no se gestiona adecuadamente, puede conducir al agotamiento o a la procrastinación.

En este capítulo, exploraremos cómo puedes utilizar la dopamina de manera estratégica para optimizar tu productividad sin caer en los peligros del exceso o la falta de motivación.

La dopamina como motor de la productividad

La dopamina es esencial para la motivación y la toma de decisiones. Cuando te enfrentas a una tarea que te resulta gratificante o te promete una recompensa, tu cerebro libera dopamina, lo que te motiva a completar la tarea. Sin embargo, cuando la recompensa está demasiado lejos o el esfuerzo parece demasiado grande, los niveles de dopamina pueden caer, lo que lleva a la procrastinación.

1. Recompensas a corto plazo para mantener la motivación: Si las tareas que debes realizar son grandes o complejas, divide esas tareas en pequeños pasos y establece recompensas a corto plazo. Estos pequeños logros mantendrán tu motivación alta, porque cada paso completado libera dopamina.

2. **La gratificación retrasada:** Las personas que logran mantener un equilibrio entre la gratificación instantánea y la gratificación a largo plazo suelen ser más productivas. Desarrollar la capacidad de postergar una recompensa, como tomar un descanso después de un trabajo arduo, entrena tu cerebro para mantener un flujo constante de dopamina sin sobrecargarlo.

3. **Crear un ambiente de trabajo que estimule la dopamina:** Un espacio ordenado, libre de distracciones y que te haga sentir bien, puede aumentar la liberación de dopamina y mejorar tu productividad. Incluso

pequeños cambios, como añadir una planta o escuchar música motivadora, pueden marcar la diferencia.

El peligro del agotamiento por dopamina

El exceso de dopamina puede llevar al agotamiento, también conocido como "burnout". Esto sucede cuando el cerebro se sobrecarga con gratificación constante (como el uso excesivo de redes sociales, comida, o incluso trabajo), lo que provoca una disminución de los niveles de dopamina y un agotamiento emocional.

1. Reconocer los signos del agotamiento dopaminérgico: Si te

sientes constantemente cansado, desmotivado o incapaz de disfrutar de las cosas que normalmente te generan placer, puede ser una señal de que tus niveles de dopamina están desequilibrados.

2. La importancia de los descansos: Tomar descansos regulares durante el día y evitar la sobrecarga de gratificación puede ayudarte a mantener un flujo constante de dopamina sin caer en el agotamiento.

3. Diversificación de actividades: Evitar la repetición constante de una sola actividad, como el trabajo o la

estimulación excesiva de las redes sociales, es clave para mantener la salud de tus niveles de dopamina. Cambiar de actividad o rutina durante el día ayuda a mantener el cerebro fresco y estimulado sin sobrecargarlo.

Ejercicio práctico: Planifica tu jornada para equilibrar la dopamina y aumentar tu productividad.

1. **Divide tus tareas grandes en pequeñas metas:** Cada vez que completes una meta, premia tu esfuerzo con algo pequeño, como un descanso de 5 minutos o una taza de té.

2. **Establece límites para la gratificación inmediata: Si sueles caer en distracciones como las redes sociales, planifica tiempos específicos para revisar tu teléfono. Evita la gratificación instantánea mientras trabajas en tareas importantes.**

3. **Tómate descansos regulares: Cada 45-60 minutos, haz una pausa breve para descansar. Puedes caminar, hacer estiramientos o simplemente desconectar durante 5-10 minutos.**

4. **Optimiza tu ambiente de trabajo: Asegúrate de que tu espacio sea**

cómodo, sin distracciones y que te inspire. Añadir elementos como plantas, música suave o iluminación adecuada puede mejorar tu motivación.

5. Varía tus actividades diarias: Cambia de tareas o proyectos durante el día para mantener la estimulación de la dopamina sin caer en la rutina.

Este enfoque no solo te ayudará a ser más productivo, sino que también protegerá tu bienestar emocional al evitar el agotamiento y la sobrecarga dopaminérgica. En el próximo capítulo, exploraremos cómo manejar las adicciones y el exceso de dopamina para mantener un equilibrio saludable.

Capítulo 6: Adicción y exceso de dopamina – Cómo prevenir y manejar el desequilibrio

La dopamina juega un papel crucial en nuestra motivación y en la forma en que experimentamos el placer, pero cuando los niveles de dopamina se desequilibran, ya sea por exceso o por falta, podemos caer en patrones de comportamiento dañinos, como la adicción. En este capítulo, exploraremos cómo la dopamina puede llevar a la adicción, qué señales de desequilibrio debes reconocer y cómo manejar estas situaciones.

La dopamina y la adicción

La adicción es un desequilibrio dopaminérgico. Cuando el cerebro se acostumbra a niveles elevados de dopamina debido a la gratificación constante (como el consumo de sustancias, el juego, las redes sociales o incluso el trabajo excesivo), comienza a requerir más estímulos para alcanzar el mismo nivel de satisfacción. Este ciclo crea una dependencia de la dopamina, llevando a comportamientos compulsivos.

1. **Causas de la adicción dopaminérgica:**

La dopamina se libera no solo por la realización de actividades placenteras como comer o tener relaciones, sino también por comportamientos que activan el sistema de recompensa, como el uso de drogas, las compras, el juego y el consumo de redes sociales. Con el tiempo, el cerebro se acostumbra a estos altos niveles de dopamina, y se necesita más para experimentar la misma sensación de gratificación.

2. La "búsqueda de la recompensa" y la adicción:

Cada vez que realizamos una actividad que nos da placer, el cerebro libera dopamina como una recompensa. Esto crea una sensación de bienestar, pero si la actividad se repite con demasiada frecuencia, puede volverse adictiva. Por ejemplo, las redes sociales están diseñadas para ofrecer recompensas inmediatas a través de notificaciones y "me gusta", lo que puede crear un ciclo de dependencia de gratificación instantánea.

3. El ciclo de la adicción dopaminérgica:

El ciclo comienza con una gratificación inicial que libera dopamina, lo que nos motiva a repetir el comportamiento. Con el tiempo, el cerebro se adapta, y necesitamos más dopamina (más gratificación) para sentir lo mismo. Si no se regula, esto puede llevar a la compulsión, la pérdida de control y, finalmente, la adicción.

Señales de desequilibrio dopaminérgico y adicción

Reconocer las señales de un desequilibrio en los niveles de dopamina es fundamental para evitar que se convierta en un problema mayor. Algunas señales a tener en cuenta incluyen:

1. Comportamientos compulsivos: Sentir la necesidad de realizar una actividad una y otra vez, incluso si sabes que no es saludable (como revisar constantemente las redes sociales o comer en exceso).

2. Falta de motivación para actividades no gratificantes: Experimentar falta de interés o placer en actividades que antes eran agradables o gratificantes, lo que se conoce como anhedonia.

3. Cambios en el estado de ánimo: Sentir irritabilidad, ansiedad o tristeza cuando no estás obteniendo la gratificación inmediata que buscas.

4. Tolerancia aumentada: Necesitar realizar una actividad con más frecuencia o en mayor intensidad

para obtener el mismo nivel de satisfacción.

Cómo manejar y prevenir el desequilibrio de dopamina y la adicción

Afortunadamente, hay formas de prevenir y manejar el desequilibrio de dopamina. Aquí te presentamos algunas estrategias para mantener un equilibrio saludable:

1. **Establecer límites claros:**
Si sientes que una actividad está tomando el control (como el uso excesivo de redes sociales o el consumo de comida chatarra), establece límites estrictos para ti mismo. Por ejemplo, asigna horarios específicos para revisar tus redes sociales o planifica días libres de ciertos comportamientos.

2. **Alternar actividades gratificantes con actividades de bajo estímulo:** Equilibrar tus actividades diarias alternando tareas que ofrezcan gratificación inmediata con aquellas que no lo hagan (como leer, estudiar o hacer ejercicio). Esto ayudará a evitar la sobrecarga de dopamina.

3. **Crear hábitos saludables:** Realiza actividades que te permitan mantener la dopamina en equilibrio, como el ejercicio regular, la meditación, o practicar hobbies que te conecten con el momento presente sin necesidad de gratificación inmediata.

4. **Tomar descansos de gratificación:**
El "ayuno de dopamina" es una técnica
que consiste en hacer pausas de la
gratificación inmediata para restablecer la
sensibilidad de tu cerebro a la dopamina.
Esto puede implicar días o incluso semanas
sin redes sociales, comida chatarra o
cualquier otra fuente de estimulación
excesiva.

5. **Desarrollar la gratificación
    retrasada:**
Practicar la gratificación retrasada puede
ser muy útil para contrarrestar el ciclo de
la adicción. Esto significa postergar
recompensas inmediatas para enfocarte en
metas a largo plazo. Puedes comenzar con
pequeños logros diarios y premiarte solo

después de haber completado tareas más grandes.

Ejercicio práctico: Plan de acción para evitar el desequilibrio dopaminérgico.

1. Haz una lista de comportamientos que podrían estar afectando tu equilibrio de dopamina (como el uso excesivo de tecnología, la comida chatarra, etc.).

2. Establece límites claros para estos comportamientos. Por ejemplo, decide solo revisar redes sociales una vez al día, o establece un horario de comida saludable sin distracciones.

3. Compensa el exceso de gratificación con actividades menos estimulantes. Cada vez que sientas la necesidad de una gratificación instantánea, realiza una actividad relajante como leer o caminar.

4. Practica la gratificación retrasada. Planifica metas a largo plazo y date recompensas solo después de alcanzar hitos importantes.

5. Monitorea tu progreso. Lleva un registro de cómo te sientes cada día, y ajusta tu rutina si notas signos de desequilibrio.

Mantener un equilibrio adecuado de dopamina es crucial para evitar caer en comportamientos adictivos o dañinos. Con los hábitos adecuados y un enfoque consciente, puedes prevenir el agotamiento y manejar los impulsos relacionados con la dopamina. En el siguiente capítulo, exploraremos cómo aplicar este equilibrio en tu vida profesional y personal para mejorar tu bienestar integral.

Capítulo 7: Dopamina en la vida profesional – Maximiza tu rendimiento sin perder el equilibrio

El entorno laboral es uno de los lugares donde más influye la dopamina, ya que el éxito profesional y las recompensas tangibles (como promociones, reconocimientos o logros) generan incrementos en los niveles de dopamina. Sin embargo, el exceso de presión o expectativas puede llevar a un desequilibrio, causando estrés y agotamiento. En este capítulo, aprenderemos cómo utilizar la dopamina para mejorar el rendimiento profesional mientras se mantiene el bienestar general.

El papel de la dopamina en el trabajo

La dopamina está estrechamente relacionada con la motivación, el enfoque y la recompensa, lo que la convierte en un factor clave para el éxito profesional.

Cuando alcanzamos una meta en el trabajo, el cerebro libera dopamina, lo que refuerza el comportamiento y nos motiva a seguir adelante. Sin embargo, el exceso de trabajo o la búsqueda constante de gratificación inmediata pueden afectar nuestra capacidad para mantener un equilibrio saludable.

1. Dopamina y metas profesionales: Establecer metas claras y alcanzables es una excelente manera de mantener los niveles de dopamina equilibrados. Cada vez que alcances un pequeño objetivo, tu cerebro liberará dopamina, lo que te motivará a seguir avanzando hacia metas más grandes. Dividir

proyectos grandes en tareas pequeñas y celebrarlas a medida que las completes es clave para mantener una sensación continua de recompensa.

2. **El peligro del perfeccionismo y la dopamina:** Buscar la perfección en el trabajo puede ser contraproducente, ya que aumenta el estrés y la ansiedad. El perfeccionismo puede llevarte a una sobrecarga de dopamina, lo que, en lugar de motivarte, termina agotándote. Es importante establecer expectativas realistas y aprender a valorar los logros, incluso cuando no sean perfectos.

3. Gratificación inmediata en el trabajo: La gratificación inmediata, como los correos electrónicos o las notificaciones instantáneas, puede ser una fuente de dopamina en el ámbito laboral, pero si se vuelve constante, puede interferir con la concentración y la productividad. Establecer tiempos específicos para revisar correos y mensajes puede ayudarte a controlar este tipo de gratificación y mantener tu enfoque en tareas importantes.

Mantener el equilibrio en la vida laboral

El trabajo puede ser una fuente de gratificación y satisfacción, pero también puede ser una de las principales fuentes de desequilibrio dopaminérgico si no se maneja adecuadamente. Aquí te dejamos algunos consejos para mantener ese equilibrio:

1. Establece una rutina diaria estructurada:

La dopamina se regula mejor cuando tenemos una estructura clara en nuestro día. Crear una rutina que incluya tiempos para el trabajo, descansos y actividades personales es fundamental. Por ejemplo, puedes usar la técnica Pomodoro (25 minutos de trabajo enfocado seguidos de 5 minutos de descanso) para equilibrar los momentos de esfuerzo y relajación.

2. Evita el multitasking:
El cerebro no está diseñado para realizar múltiples tareas al mismo tiempo de manera eficiente. El multitasking puede hacer que te sientas abrumado y desorganizado, lo que afecta negativamente la liberación de dopamina. En lugar de intentar hacer todo a la vez, enfócate en una tarea a la vez, lo que te permitirá sentir una mayor satisfacción al completarla.

3. Tómate tiempo para desconectar:
El trabajo nunca debería ser todo lo que defines como "tu vida". Asegúrate de tener

tiempos para ti, para hacer actividades que te recarguen y reduzcan los niveles de estrés, como practicar deporte, leer, meditar o disfrutar de tu familia. Este tiempo de descanso te ayudará a equilibrar la dopamina y a evitar el agotamiento.

4. Recompénsate de manera saludable: Establece recompensas saludables cuando alcances tus metas laborales. Esto puede incluir un descanso, un paseo al aire libre o una actividad que te guste. Las recompensas frecuentes y pequeñas ayudan a mantener altos los niveles de dopamina sin caer en la sobrecarga.

El burnout en el trabajo: Reconociendo y gestionando el agotamiento

El agotamiento profesional o "burnout" es un trastorno relacionado con el estrés crónico en el trabajo. Los niveles de dopamina pueden verse alterados cuando el trabajo se convierte en una fuente constante de presión y agotamiento. Reconocer los síntomas tempranos del burnout y tomar medidas para mitigarlo es esencial para mantener una vida profesional equilibrada.

1. **Señales de burnout:**

Fatiga extrema, tanto mental como física.

Pérdida de interés o motivación por tareas que antes te emocionaban.

Irritabilidad o sentimientos de ansiedad.

Dificultad para concentrarse y realizar tareas cotidianas.

2. Cómo prevenir el burnout:

Establece límites claros: Aprende a decir no cuando tu carga de trabajo sea excesiva. Delegar y pedir ayuda son habilidades esenciales para evitar el agotamiento.

Practica la autoreflexión: Regularmente evalúa tu bienestar y tu carga emocional. Si sientes que el estrés te está afectando, es momento de tomar un paso atrás.

Busca apoyo: Hablar con compañeros de trabajo, amigos o un profesional sobre tus preocupaciones puede ser un gran alivio. La comunicación abierta puede reducir el estrés.

Ejercicio práctico: Estrategias para mantener el equilibrio dopaminérgico en el trabajo.

1. Organiza tu jornada laboral: Usa herramientas de planificación para dividir tu día en bloques de trabajo enfocado y descansos.

2. Define metas claras y alcanzables: Establece pequeñas metas diarias y recompénsate por cada logro.

3. **Monitorea tu bienestar:** Cada semana, revisa cómo te sientes con respecto a tu trabajo. Si notas signos de agotamiento, ajusta tu carga de trabajo o busca actividades que te ayuden a desconectar.

4. **Haz pausas activas:** Durante el día laboral, programa pausas para moverte, tomar aire fresco o relajarte.

5. **Establece límites de gratificación inmediata:** Evita revisar correos electrónicos y redes sociales constantemente. Planifica tiempos específicos para estas actividades.

Este enfoque equilibrado de la dopamina en la vida profesional te ayudará a mantener la motivación, mejorar tu rendimiento y evitar el agotamiento. En el siguiente capítulo, exploraremos cómo la dopamina influye en nuestras relaciones personales y cómo podemos utilizarla para crear conexiones saludables.

Capítulo 8: Dopamina en las relaciones personales – Construir conexiones saludables

Las relaciones personales son una de las áreas más importantes de nuestra vida, y la dopamina juega un papel fundamental en la formación de vínculos y en la satisfacción emocional. Las interacciones sociales, ya sean familiares, de amistad o románticas, están directamente influenciadas por la liberación de dopamina. En este capítulo, exploraremos cómo la dopamina afecta nuestras relaciones y cómo podemos usar este conocimiento para construir conexiones más saludables y satisfactorias.

La dopamina como motor de las relaciones

La dopamina es el neurotransmisor de la recompensa, y se libera cuando experimentamos placer, como el afecto, la cercanía emocional o la satisfacción de una conversación significativa. Cuando estamos en presencia de alguien con quien nos llevamos bien, nuestro cerebro libera dopamina, lo que nos hace sentir bien y nos motiva a buscar más de esa interacción.

1. Formación de lazos afectivos: En las primeras etapas de una relación (ya sea de amistad o romántica), la dopamina juega un papel crucial en el establecimiento del vínculo. El contacto físico, el compartir momentos agradables y el apoyo emocional mutuo son fuentes clave de liberación de dopamina. Esta liberación fortalece el vínculo, haciendo que las interacciones sociales sean placenteras y deseables.

2. **La dopamina en el amor:** En las relaciones románticas, la dopamina está directamente involucrada en la atracción y el deseo. Cuando una pareja se siente atraída mutuamente, se experimenta una liberación de dopamina que refuerza el deseo de estar juntos y de compartir experiencias. Este "subidón" inicial es un componente natural de las relaciones de pareja, pero también es importante mantener ese equilibrio para que la relación siga siendo sana a largo plazo.

3. **El efecto de la dopamina en las interacciones sociales cotidianas:** Las

interacciones sociales no siempre tienen que ser románticas para que la dopamina entre en juego. Las amistades, la familia y las relaciones laborales también están influenciadas por este neurotransmisor. El simple acto de ser escuchado, apoyado y compartido con otros puede desencadenar la liberación de dopamina, lo que fortalece esos lazos.

El impacto de la dopamina en los conflictos

Aunque la dopamina es fundamental para las conexiones saludables, también puede contribuir a las dinámicas tóxicas en las relaciones cuando no se maneja adecuadamente. Los conflictos en una relación pueden generar desequilibrios en los niveles de dopamina, creando ciclos de emociones extremas, como la dependencia o la evasión.

1. La dopamina y los conflictos emocionales: Cuando se producen disputas o conflictos, el cerebro responde liberando cortisol (la hormona del estrés) y, en algunos casos, también dopamina. Este último puede ser un factor complicador, ya que en situaciones conflictivas, la dopamina también puede reforzar patrones emocionales poco saludables, como la necesidad de "drama" o la

búsqueda de un "subidón" emocional a través de la confrontación.

2. **La importancia del equilibrio en las relaciones a largo plazo: A largo plazo, las relaciones estables y saludables requieren un equilibrio de dopamina. Demasiada excitación o demasiada monotonía pueden ser perjudiciales. En lugar de buscar constantemente una gratificación instantánea, es fundamental aprender a valorar las pequeñas interacciones cotidianas que construyen la base de una relación sólida.**

Cómo mantener un equilibrio saludable de dopamina en las relaciones

Al igual que en otras áreas de la vida, es esencial mantener un equilibrio adecuado de dopamina en nuestras relaciones personales para evitar la dependencia emocional o el desgaste de la conexión. Aquí tienes algunas estrategias para lograrlo:

1. **Fomentar la comunicación abierta y honesta: La comunicación efectiva es crucial para mantener niveles saludables de dopamina en las relaciones. Hablar sobre tus emociones, tus necesidades y tus expectativas con las personas que te**

rodean puede ayudar a fortalecer los vínculos y asegurar que todos estén en la misma página.

2. **Promover interacciones significativas:** No todas las interacciones sociales necesitan ser emocionantes o llenas de gratificación instantánea. Tomarte el tiempo para estar presente, escuchar y compartir momentos tranquilos con los demás puede ser igualmente gratificante. Estas interacciones más profundas pueden liberar dopamina de manera constante y saludable.

3. Buscar el equilibrio entre el espacio personal y la conexión: Es importante que cada persona en la relación tenga tiempo para sí misma. El espacio personal no solo permite que cada individuo recargue sus energías, sino que también puede aumentar la apreciación mutua y reforzar el vínculo cuando se reanudan las interacciones.

4. Evitar la dependencia emocional: La dependencia emocional, cuando uno o ambos miembros de una relación dependen excesivamente de la dopamina de las interacciones para sentirse completos, puede ser perjudicial. Mantén un equilibrio en

el que cada persona pueda encontrar satisfacción y bienestar por sí misma, además de disfrutar de la compañía del otro.

Reconociendo los signos de desequilibrio en las relaciones

Cuando los niveles de dopamina en una relación están desequilibrados, pueden aparecer ciertos signos que indican la necesidad de hacer ajustes:

1. **Dependencia excesiva de la validación externa: Si te encuentras buscando constantemente la validación o aprobación de la otra persona para sentirte bien contigo mismo, es posible que tus niveles de dopamina estén desequilibrados.**

2. Conflictos recurrentes: Si las disputas y los malentendidos se vuelven frecuentes y parecen no resolverse, puede ser una señal de que la dopamina está interfiriendo en la forma en que te relacionas emocionalmente.

3. Pérdida de interés en la relación: La falta de entusiasmo o el sentimiento de aburrimiento en una relación también puede ser un indicio de que los niveles de dopamina se han reducido y que la relación necesita un impulso emocional saludable.

Ejercicio práctico: Estrategias para equilibrar la dopamina en tus relaciones.

1. Haz un balance de tus relaciones actuales: Reflexiona sobre cómo te sientes en cada una de tus relaciones personales. ¿Experimentas una gratificación constante o hay desequilibrio emocional?

2. Fomenta la comunicación regular: Tómate el tiempo para hablar abierta y sinceramente con las personas más cercanas a ti. ¿Hay aspectos que necesitas compartir o escuchar más?

3. Planifica actividades gratificantes en pareja o con amigos: Organiza momentos significativos para

disfrutar con los demás que no dependan de gratificación instantánea, como una caminata, una cena o una conversación profunda.

4. Aprende a dar espacio: Respeta la necesidad de tiempo personal en tus relaciones para evitar la dependencia emocional.

En este capítulo, hemos explorado cómo la dopamina influye en nuestras relaciones personales y cómo podemos usar este conocimiento para construir vínculos más saludables. En el próximo capítulo, abordaremos cómo la dopamina afecta el bienestar físico y mental, y cómo podemos mejorar nuestra salud general mediante un enfoque equilibrado.

Capítulo 9: Dopamina, bienestar físico y mental – El equilibrio para una vida plena

La dopamina no solo juega un papel crucial en nuestras relaciones personales y en nuestra vida profesional, sino también en nuestra salud física y mental. Este neurotransmisor tiene un impacto significativo en nuestra energía, motivación y bienestar general. En este capítulo, exploraremos cómo la dopamina influye en nuestra salud y cómo podemos equilibrarla para lograr una vida más saludable y satisfactoria.

La dopamina y la salud física

La dopamina está directamente involucrada en el control de los movimientos corporales, lo que la convierte en un factor esencial en la actividad física y la coordinación. Además, la liberación de dopamina también está asociada con la sensación de recompensa después de hacer ejercicio, lo que puede mejorar nuestra motivación para mantener una rutina activa y saludable.

1. Ejercicio y dopamina: La actividad física, especialmente el ejercicio aeróbico, provoca la liberación de dopamina, lo que mejora el estado de ánimo y genera una sensación de bienestar. El ejercicio también ayuda a regular los niveles de dopamina, lo

que puede ser útil para contrarrestar los efectos del estrés y la ansiedad. Beneficios del ejercicio para la dopamina: Aumenta la circulación sanguínea, mejorando el flujo de oxígeno al cerebro. Libera endorfinas, que trabajan en conjunto con la dopamina para generar una sensación de euforia. Mejora la calidad del sueño, lo que a su vez ayuda a regular los niveles de dopamina.

2. Dopamina y hábitos saludables: La dopamina también está vinculada a la motivación para llevar un estilo de vida saludable. Comer bien, dormir lo suficiente y mantener un equilibrio emocional son hábitos

que influyen en la liberación de dopamina. Por ejemplo, una alimentación equilibrada rica en nutrientes esenciales puede apoyar la producción y regulación de dopamina, mientras que un sueño adecuado asegura que los niveles de dopamina se mantengan en equilibrio.

3. Estrés y dopamina: El estrés crónico puede reducir la liberación de dopamina, lo que afecta nuestra motivación y energía. Para contrarrestar los efectos del estrés, es importante adoptar prácticas que ayuden a reducirlo, como la

meditación, el yoga o simplemente tomarse un tiempo para relajarse.

La dopamina y la salud mental

La dopamina tiene un impacto directo en nuestra salud mental, particularmente en nuestro estado de ánimo, motivación y capacidad para experimentar placer. La regulación adecuada de los niveles de dopamina es crucial para mantener una mente sana.

1. **La dopamina y el placer: Uno de los principales roles de la dopamina es la percepción del placer. Cuando experimentamos algo gratificante (como comer una comida deliciosa o lograr una meta importante), el cerebro libera dopamina. Sin embargo, un exceso de estímulos**

placenteros, como el consumo de drogas, alimentos poco saludables o gratificación instantánea, puede llevar a una "adicción" al placer, alterando los niveles de dopamina.

2. La dopamina y los trastornos del estado de ánimo: Los trastornos del estado de ánimo, como la depresión y la ansiedad, a menudo están relacionados con un desequilibrio de dopamina. En la depresión, por ejemplo, los niveles de dopamina pueden ser bajos, lo que contribuye a la falta de motivación y energía. En estos casos, es fundamental trabajar en la regulación de la dopamina mediante hábitos saludables y, en

algunos casos, con el apoyo de un profesional de la salud.

3. La dopamina y la adicción: Las adicciones (a las drogas, el alcohol, la comida, el juego, etc.) están estrechamente relacionadas con la dopamina. La búsqueda constante de gratificación y la liberación repetida de dopamina pueden llevar a un ciclo adictivo. Es importante aprender a identificar estos patrones y buscar formas saludables de estimular la dopamina sin caer en comportamientos destructivos.

Cómo mejorar tu bienestar físico y mental a través de la dopamina

Aquí hay algunas estrategias prácticas para equilibrar la dopamina y mejorar tu bienestar físico y mental:

1. Mantén una rutina de ejercicio regular: El ejercicio moderado, como caminar, correr o practicar yoga, es ideal para liberar dopamina de manera saludable. Además, te ayuda a reducir el estrés y a mejorar tu estado de ánimo.

2. Practica la meditación y la atención plena (mindfulness): La meditación y las prácticas de mindfulness ayudan a reducir el estrés y a regular los niveles de dopamina. Al aprender a enfocarte en el momento presente,

puedes disminuir la ansiedad y aumentar tu bienestar general.

3. Prioriza el sueño de calidad: Dormir lo suficiente es esencial para la regulación de los neurotransmisores, incluida la dopamina. Establecer una rutina de sueño consistente y crear un ambiente de descanso adecuado puede tener un impacto positivo en tu bienestar mental y físico.

4. Aliméntate de manera saludable: Una dieta equilibrada que incluya alimentos ricos en aminoácidos, como el triptófano (presente en el pavo, plátanos, lácteos) y la tirosina

(en alimentos como el aguacate, los huevos, los frutos secos), puede ayudar a mantener los niveles de dopamina en equilibrio. Además, reducir el consumo de alimentos ultraprocesados y azúcares refinados es fundamental para evitar picos y caídas en los niveles de dopamina.

5. Evita la gratificación instantánea: La gratificación instantánea puede desregular los niveles de dopamina. En lugar de buscar una satisfacción inmediata a través de comportamientos poco saludables, busca actividades que te den satisfacción a largo plazo, como

establecer y alcanzar metas personales o profesionales.

6. **Establece metas pequeñas y alcanzables:** Establecer metas claras y alcanzables te ayuda a mantener un flujo constante de dopamina sin caer en la sobrecarga. Celebra los logros pequeños y date tiempo para reflexionar sobre tu progreso.

Ejercicio práctico: Mejorando tu bienestar físico y mental con dopamina.

1. **Planifica una rutina de ejercicio:** Elige una actividad que disfrutes y establece un horario para hacerlo regularmente.

2. **Haz una lista de metas saludables: Establece metas diarias o semanales relacionadas con tu bienestar físico y mental. Pueden ser tan simples como beber más agua, practicar meditación o hacer una caminata diaria.**

3. **Haz un seguimiento de tu sueño: Lleva un registro de tu calidad de sueño y ajusta tus hábitos si es necesario. Intenta dormir entre 7-9 horas por noche.**

4. **Evalúa tu dieta: Haz una revisión de tu alimentación y ajusta tus hábitos**

para incluir más alimentos nutritivos y menos procesados.

Este capítulo nos muestra cómo la dopamina está vinculada a nuestra salud física y mental, y cómo podemos regularla para mejorar nuestra calidad de vida. En el siguiente capítulo, exploraremos cómo las diferentes personalidades reaccionan a la dopamina y cómo podemos ajustar nuestro enfoque según los rasgos de nuestra personalidad.

Capítulo 10: Dopamina y los rasgos de la personalidad – Cómo influye en tu comportamiento

Cada persona tiene una forma única de interactuar con el mundo, y estos comportamientos están estrechamente relacionados con nuestros niveles de dopamina. En este capítulo, exploraremos cómo los diferentes rasgos de la personalidad están influenciados por la dopamina, cómo la dopamina afecta la forma en que experimentamos la vida y cómo podemos usar este conocimiento para desarrollar una mejor comprensión de nosotros mismos y de los demás.

La relación entre la dopamina y los rasgos de personalidad

La dopamina no solo afecta nuestra motivación y bienestar, sino que también influye en las características fundamentales de nuestra personalidad. Los rasgos de la personalidad, como la extraversión, la neuroticismo o la apertura, están directamente relacionados con los niveles de dopamina en nuestro cerebro. A continuación, veremos cómo la dopamina interactúa con estos rasgos.

1. Extraversiones y dopamina: Las personas con altos niveles de extraversión tienden a buscar nuevas experiencias y estimulación, lo que está vinculado con una mayor liberación de dopamina. Las personas extrovertidas disfrutan de la interacción social, buscan actividades emocionantes y tienen

una mayor tolerancia al riesgo. La dopamina actúa como un impulsor de su búsqueda de recompensas, lo que las motiva a buscar nuevas experiencias, interactuar con otros y disfrutar de la estimulación externa.

Impacto de la dopamina en los extrovertidos: La dopamina les proporciona una sensación constante de placer y gratificación al participar en actividades sociales o emocionantes. Las personas extrovertidas suelen ser más optimistas, entusiastas y motivadas por la gratificación inmediata.

2. Neuroticismo y dopamina: Por otro lado, las personas con altos niveles

de neuroticismo tienden a ser más sensibles al estrés, la ansiedad y las emociones negativas. El neuroticismo se asocia con una respuesta más pronunciada a los cambios en los niveles de dopamina, lo que puede hacer que las personas con este rasgo experimenten más fluctuaciones emocionales.

Impacto de la dopamina en los neuróticos: En situaciones de estrés, las personas con neuroticismo pueden experimentar niveles bajos de dopamina, lo que puede hacer que se sientan menos motivadas o incapaces de disfrutar de las actividades cotidianas. La búsqueda de gratificación en estos casos podría ser una forma de compensar la falta de dopamina.

3. Apertura a la experiencia y dopamina: Las personas abiertas a nuevas experiencias, es decir, aquellas con un alto nivel de "apertura", también tienen una relación estrecha con la dopamina. La dopamina juega un papel importante en la curiosidad, la exploración intelectual y la disposición a probar cosas nuevas.

Impacto de la dopamina en las personas abiertas: Estas personas suelen ser más creativas, exploradoras y dispuestas a probar nuevas ideas. La liberación de dopamina al experimentar cosas nuevas o aprender algo diferente puede ser un factor clave para mantener su motivación y curiosidad en el mundo que los rodea.

4. Amabilidad y dopamina: Las personas con un alto nivel de amabilidad son empáticas, comprensivas y tienden a colaborar bien con los demás. Aunque la dopamina no está tan directamente asociada con la amabilidad, sí influye en cómo experimentan las recompensas sociales, como el afecto y el apoyo mutuo.

Impacto de la dopamina en las personas amables: La dopamina refuerza el placer de ayudar a los demás y la satisfacción de tener relaciones cercanas y significativas. La conexión emocional y el sentido de comunidad pueden ser poderosos motivadores para las personas con alta amabilidad.

5. Responsabilidad y dopamina: Las personas con altos niveles de responsabilidad tienden a ser organizadas, disciplinadas y a cumplir con sus deberes. La dopamina juega un papel importante en la forma en que estas personas experimentan la gratificación por cumplir con sus responsabilidades y metas a largo plazo.

Impacto de la dopamina en los responsables: La dopamina refuerza la satisfacción que experimentan al alcanzar sus objetivos. La liberación de dopamina cuando logran completar tareas importantes puede ser un factor clave para su motivación y capacidad de mantener un enfoque constante.

Adaptando el control de la dopamina según tu personalidad

El control de la dopamina no es un enfoque único para todos. Dependiendo de tu personalidad, es posible que necesites adaptar tus estrategias para lograr un equilibrio adecuado. A continuación, te damos algunas recomendaciones para equilibrar los niveles de dopamina según tu tipo de personalidad:

1. **Para los extrovertidos: Si eres una persona extrovertida, es probable que disfrutes de la estimulación social y las actividades emocionantes. Para mantener un equilibrio saludable de dopamina, es importante encontrar maneras de disfrutar de la gratificación sin caer en la sobreestimulación. Practicar actividades que te desafíen mentalmente, como aprender nuevas habilidades o trabajar en proyectos creativos, puede ayudar a**

mantener un equilibrio positivo de dopamina.

2. Para los neuróticos: Si eres una persona con altos niveles de neuroticismo, es posible que experimentes fluctuaciones emocionales más pronunciadas debido a los cambios en los niveles de dopamina. Es fundamental trabajar en estrategias de manejo del estrés, como la meditación, la terapia cognitivo-conductual y el ejercicio regular, para regular tus niveles de dopamina y evitar la sensación de agobio.

3. Para las personas abiertas a nuevas experiencias: Si eres una persona con alta apertura, es importante canalizar tu curiosidad de manera constructiva. Participar en actividades que desafíen tu creatividad y aprendizaje, como la lectura, la resolución de problemas complejos o el viaje, puede ayudarte a mantener niveles saludables de dopamina y satisfacer tu necesidad de nuevas experiencias.

4. Para los amables: Si tienes una personalidad amable, busca maneras de mantener un equilibrio emocional mientras ayudas a los demás. Practicar la autocompasión,

buscar tiempo para ti mismo y establecer límites claros en tus relaciones te permitirá mantener una dosis saludable de dopamina sin agotarte.

5. **Para los responsables:** Si eres una persona responsable, tu sentido del deber y la disciplina probablemente te motivan. Para evitar el agotamiento, asegúrate de celebrar tus logros y tomar tiempo para descansar. Establecer metas a corto plazo y recompensarte por alcanzarlas es una excelente manera de mantener la motivación y equilibrar la liberación de dopamina.

Ejercicio práctico: Ajustando tu enfoque de dopamina según tu personalidad.

1. **Reflexiona sobre tu personalidad: Haz un análisis de tus rasgos de personalidad predominantes. ¿Eres más extrovertido, neurótico, abierto, amable o responsable?**

2. **Identifica tus patrones de dopamina: Piensa en cómo tu personalidad influye en tus comportamientos y en tu búsqueda de gratificación. ¿Tiendes a buscar la estimulación social? ¿O prefieres la gratificación interna?**

3. **Desarrolla una estrategia de control personalizada: Basado en tu personalidad, elige una o dos estrategias que te ayuden a regular tu dopamina y encontrar un equilibrio saludable.**

En este capítulo, hemos visto cómo la dopamina influye en los diferentes rasgos de la personalidad y cómo podemos ajustar nuestro comportamiento para mantener un equilibrio saludable. En el siguiente capítulo, profundizaremos en cómo crear un entorno que favorezca el equilibrio de la dopamina y maximice nuestro potencial de bienestar.

Capítulo 11: Crear un entorno que favorezca el equilibrio de la dopamina

El entorno en el que vivimos juega un papel crucial en la regulación de nuestros niveles de dopamina. Tanto el espacio físico como las interacciones sociales que nos rodean pueden influir en nuestra motivación, bienestar y productividad. En este capítulo, exploraremos cómo podemos diseñar un entorno que favorezca el equilibrio de la dopamina, ayudándonos a alcanzar nuestro máximo potencial.

El impacto del entorno físico en la dopamina

El espacio físico en el que pasamos nuestro tiempo tiene un impacto directo en nuestro estado de ánimo y motivación.

Desde la iluminación hasta el orden y la decoración, todo puede influir en cómo nos sentimos y en cómo regulamos nuestros niveles de dopamina.

1. La luz y la dopamina: La luz natural juega un papel esencial en la regulación de la dopamina. La exposición a la luz solar aumenta la producción de dopamina y mejora nuestro estado de ánimo. En entornos con poca luz natural, como oficinas cerradas o habitaciones oscuras, nuestros niveles de dopamina pueden disminuir, afectando nuestra energía y motivación.

Consejos para mejorar la iluminación:

Intenta pasar tiempo al aire libre, especialmente por la mañana, para aprovechar la luz natural.
Si trabajas en un entorno cerrado, utiliza lámparas que simulen luz natural o busca formas de acercar tu espacio de trabajo a una ventana.
Mantén el ambiente bien iluminado durante el día para evitar la fatiga mental.

2. **El orden y la organización: Un entorno desordenado o caótico puede generar estrés y reducir la capacidad de concentración, lo que a su vez afecta la liberación de dopamina. Un espacio ordenado,**

por el contrario, puede promover la claridad mental y mejorar la productividad, lo que facilita la liberación de dopamina al completar tareas y lograr metas.

Consejos para organizar tu espacio:

Dedica tiempo a mantener tu entorno limpio y organizado. El simple acto de ordenar puede mejorar tu estado de ánimo.

Utiliza la regla de "un lugar para cada cosa" para evitar la acumulación de objetos que causen distracción o estrés.

Usa colores relajantes en tu entorno, como tonos suaves de azul o verde, que han demostrado reducir el estrés y fomentar la tranquilidad.

3. **El ambiente natural y la dopamina:** El contacto con la naturaleza tiene efectos comprobados sobre la dopamina. Pasar tiempo al aire libre, rodeado de árboles, plantas y paisajes naturales, ayuda a reducir los niveles de estrés, a aumentar la concentración y a promover una sensación de bienestar.

Consejos para conectar con la naturaleza:

Haz caminatas en parques o en áreas naturales siempre que sea posible.

Si vives en una ciudad, incorpora plantas a tu hogar o lugar de trabajo. Las plantas no solo mejoran la calidad del aire, sino que también tienen un impacto positivo en el estado de ánimo.

Planifica escapadas a la naturaleza para desconectar de la rutina y recargar energías.

El impacto de las relaciones sociales en la dopamina

Las interacciones sociales tienen un gran impacto en los niveles de dopamina. Las relaciones positivas y de apoyo fomentan la liberación de dopamina, mientras que las relaciones tóxicas o conflictivas pueden disminuirla, afectando nuestra motivación y bienestar general.

1. Relaciones positivas y apoyo emocional: Las interacciones sociales que nos brindan apoyo emocional y afecto activan la liberación de dopamina. Estar rodeado de personas que nos valoran y nos motivan es esencial para mantener un equilibrio saludable de dopamina.

Consejos para fortalecer tus relaciones sociales:

Rodéate de personas que te apoyen y que compartan tus valores y objetivos.

Realiza actividades con amigos y familiares que te hagan sentir bien, como cenas, caminatas o proyectos comunes.

Cultiva la empatía y la comunicación abierta en tus relaciones. Escuchar y ser escuchado fortalece los vínculos y fomenta la liberación de dopamina.

2. Evitar relaciones tóxicas: Las relaciones conflictivas o manipuladoras pueden tener efectos negativos en tu salud emocional y física, afectando la liberación de

dopamina. El estrés crónico causado por relaciones tóxicas puede llevar a una disminución de los niveles de dopamina y, a largo plazo, afectar tu bienestar general.

Consejos para manejar relaciones tóxicas:

Establece límites claros con personas que te generen estrés o malestar.

Aprende a decir "no" cuando sientas que una relación te está drenando emocionalmente.

Considera la opción de buscar ayuda profesional, como la terapia, para aprender a manejar mejor las relaciones conflictivas.

3. Colaboración y trabajo en equipo: El trabajo en equipo y la colaboración también tienen un impacto positivo en la dopamina. Al trabajar con otros para alcanzar metas comunes, experimentamos la liberación de dopamina al lograr avances, compartir ideas y resolver problemas juntos.

Consejos para fomentar la colaboración:

Participa en proyectos de grupo que fomenten el trabajo en equipo y la creatividad.

Busca oportunidades para colaborar con personas que compartan intereses similares.

Celebra los logros en equipo, incluso los más pequeños, para reforzar el sentido de recompensa y motivación.

El impacto de la tecnología en la dopamina

La tecnología tiene un impacto doble en la dopamina. Por un lado, puede proporcionar gratificación instantánea a través de notificaciones, redes sociales y videojuegos, lo que puede aumentar temporalmente los niveles de dopamina. Por otro lado, el uso excesivo de tecnología puede llevar a una sobrecarga de dopamina, causando fatiga mental y disminución de la motivación.

1. Uso equilibrado de la tecnología: La clave está en encontrar un equilibrio saludable. Si bien la tecnología puede ser una herramienta útil para conectarse, aprender y entretenerse, es importante establecer límites para evitar la sobrecarga de estímulos y la dependencia de la gratificación instantánea.

Consejos para un uso saludable de la tecnología:
Establece límites de tiempo para el uso de dispositivos electrónicos, especialmente antes de dormir.

Desactiva las notificaciones push para evitar distracciones constantes.

Haz pausas regulares en el uso de dispositivos para practicar mindfulness o realizar actividades fuera de línea.

2.Redefinir el concepto de gratificación instantánea: La gratificación instantánea de las redes sociales y otras plataformas puede interferir con nuestra capacidad para disfrutar de recompensas a largo plazo. El desafío está en moderar el uso de estas plataformas y enfocarse en actividades que nos proporcionen satisfacción más duradera.

Consejos para gestionar la gratificación instantánea:

Limita el tiempo en redes sociales a momentos específicos del día.

Encuentra actividades que te proporcionen una gratificación más profunda, como el aprendizaje, la lectura o el ejercicio físico.

Ejercicio práctico: Creando un entorno que favorezca la dopamina.

1. Revisa tu entorno físico: Haz un inventario de cómo está organizada tu casa, oficina o cualquier lugar donde pases tiempo. ¿Es un espacio que te inspira y te motiva?

2. Evalúa tus relaciones sociales: ¿Te rodeas de personas que te apoyan y te ayudan a crecer? Haz un esfuerzo por pasar más tiempo con quienes

te motivan y limitando la interacción con personas tóxicas.

3. Mide tu uso de tecnología: Reflexiona sobre cómo el uso de la tecnología afecta tu bienestar. ¿Está interfiriendo con tu capacidad para relajarte o disfrutar de actividades más significativas?

En este capítulo, hemos explorado cómo el entorno físico, las relaciones sociales y el uso de la tecnología influyen en nuestros niveles de dopamina. Crear un entorno que favorezca el equilibrio de dopamina puede tener un impacto profundo en nuestra salud mental y bienestar. En el siguiente capítulo, profundizaremos en cómo mantener el equilibrio de la dopamina a largo plazo y las estrategias para sostener el cambio.

Capítulo 12: Manteniendo el equilibrio de la dopamina a largo plazo

Lograr un equilibrio saludable de dopamina es fundamental para nuestro bienestar general. Sin embargo, el verdadero desafío radica en mantener ese equilibrio a largo plazo. La dopamina, como sistema de recompensa, puede ser muy sensible a los cambios, y es fácil caer en patrones que desequilibren nuestros niveles. En este capítulo, exploraremos cómo podemos sostener el equilibrio de dopamina de manera continua, a través de hábitos, estrategias y prácticas que promuevan un bienestar duradero.

El papel de la constancia en el equilibrio de la dopamina

Uno de los aspectos clave para mantener el equilibrio de la dopamina es la constancia. La liberación de dopamina está vinculada a la repetición de comportamientos, es decir, a los hábitos. Al formar hábitos positivos que fomenten la liberación controlada de dopamina, podemos regular de manera efectiva nuestros niveles a largo plazo.

1. Establecer hábitos saludables:

Los hábitos son una forma eficaz de regular nuestros niveles de dopamina. Esto se debe a que el cerebro se adapta a patrones repetitivos, estableciendo una "ruta" de recompensa. Si este patrón es positivo, como hacer ejercicio regularmente o comer saludablemente, el cerebro liberará dopamina en respuesta a estas actividades, lo que fortalecerá estos comportamientos.

Consejos para establecer hábitos saludables:

Comienza con pequeñas metas alcanzables. Por ejemplo, caminar 15 minutos al día, y gradualmente aumenta la duración o la intensidad.

Usa recordatorios visuales, como notas adhesivas, aplicaciones de seguimiento de hábitos o calendarios, para mantenerte enfocado.

Celebra tus logros, aunque sean pequeños. La gratificación inmediata reforzará el hábito.

2. La importancia de la paciencia: La dopamina también está relacionada con la gratificación. La gratificación instantánea, que se obtiene a través de actividades como las redes sociales o los videojuegos, proporciona una liberación rápida de dopamina, pero a menudo es de corta duración y no contribuye al bienestar a largo plazo. Por el contrario, la paciencia, la capacidad de esperar y trabajar hacia una recompensa a largo plazo, favorece un equilibrio más estable de dopamina.

Consejos para cultivar la paciencia:

Practica la gratificación retrasada. Comienza con pequeñas metas a largo plazo y celebra su consecución una vez que las logres.

Reflexiona sobre las recompensas que valen la pena y cómo se pueden disfrutar más plenamente cuando se obtienen de forma gradual.

Mantén una visión a largo plazo de tus objetivos y evita caer en la trampa de la gratificación inmediata.

Estrategias para evitar el agotamiento de la dopamina

La sobrecarga de dopamina, que puede ocurrir cuando nos exponemos constantemente a estímulos placenteros (como el uso excesivo de tecnología, el consumo de alimentos azucarados o la búsqueda constante de gratificación instantánea), puede llevar al agotamiento de este sistema de recompensa. Esto se traduce en una disminución de la motivación, ansiedad, estrés y desinterés por actividades que antes eran placenteras.

1. El descanso como clave:
Es esencial incorporar períodos de descanso en nuestra rutina diaria para evitar la sobrecarga de dopamina. El descanso no solo se refiere al sueño, sino

también a la desconexión de estímulos intensos, como las redes sociales, los correos electrónicos y las noticias.

Consejos para descansar y recargar dopamina:
Dedica tiempo al día para desconectar de los dispositivos electrónicos, al menos una hora antes de dormir.

Prioriza el descanso de calidad. Asegúrate de dormir entre 7 y 9 horas cada noche.

Practica el "descanso consciente", dedicando tiempo para respirar profundamente, meditar o simplemente disfrutar de un momento de paz sin distracciones.

2. Diversificar las fuentes de
   gratificación:

Evitar depender únicamente de una fuente
de gratificación es fundamental para
mantener el equilibrio de la dopamina. La
diversidad de actividades que nos
proporcionan recompensas puede
prevenir la saturación de un solo sistema
de recompensa.

Consejos para diversificar las fuentes de
gratificación:

Integra actividades que te proporcionen
gratificación en diferentes áreas de la vida,
como ejercicio físico, aprender algo nuevo,

pasar tiempo con seres queridos y desarrollar habilidades creativas.

Encuentra equilibrio entre actividades que te proporcionen gratificación inmediata y aquellas que te brinden satisfacción a largo plazo.

Haz un esfuerzo consciente por evitar la sobreexposición a las redes sociales, donde la gratificación es instantánea pero superficial.

3. La importancia de la variabilidad en los estímulos:

La dopamina responde a la novedad y la variabilidad. Por eso, un entorno o una rutina monótona puede llevar a una reducción de la motivación. Por lo tanto, es importante incorporar cambios periódicos en nuestras actividades para mantener la estimulación del sistema de dopamina.

Consejos para aumentar la variabilidad: Cambia tu rutina de ejercicios, prueba nuevos deportes o actividades.

Realiza cambios en tus proyectos creativos para evitar la sensación de estancamiento.

Establece nuevos desafíos y metas que te motiven a aprender y crecer.

Cómo gestionar los altibajos emocionales de la dopamina

Es natural experimentar fluctuaciones en nuestros niveles de dopamina, ya que nuestras emociones y nuestra motivación son influenciadas por estos cambios. Sin embargo, es importante aprender a gestionar estos altibajos para evitar que nos afecten negativamente.

1. Practicar la autorregulación emocional:

Ser consciente de los cambios en tus niveles de dopamina te permitirá tomar medidas para gestionar tus emociones. La autorregulación implica reconocer cuándo nuestros niveles de dopamina están bajos y tomar medidas para restablecer el equilibrio.

Consejos para autorregularte:

Practica mindfulness o meditación para estar presente y consciente de tus emociones.

Aprende técnicas de respiración profunda para reducir el estrés y la ansiedad.

Si te sientes desmotivado, establece una pequeña meta alcanzable para generar una sensación de logro.

2. Aceptar las fluctuaciones emocionales:

Es importante entender que los altibajos emocionales son normales. No debemos castigarnos por tener días en los que no estamos tan motivados o por experimentar momentos de tristeza o ansiedad. Aceptar estas fluctuaciones es una parte importante del proceso de autorregulación.

Consejos para aceptar las fluctuaciones emocionales:

Practica la autoaceptación y recuerda que no siempre debemos estar al máximo para ser efectivos o felices.

Acepta que hay días en los que las emociones fluctuantes son naturales y que es parte del proceso de mantener el equilibrio emocional.

Ejercicio práctico: Mantén tu equilibrio de dopamina a largo plazo.

1. Desarrolla una rutina diaria: Planifica tu día para incluir una variedad de actividades que favorezcan la liberación de

dopamina, como ejercicio, momentos de descanso, interacción social y aprendizaje.

2. Haz una revisión semanal: Revisa cómo te sientes al final de cada semana. ¿Te has sentido equilibrado o has caído en patrones de gratificación instantánea? Ajusta tus hábitos según lo necesites.

3. Haz cambios en tu entorno: Haz pequeños ajustes en tu espacio físico, tus relaciones y tu rutina diaria para asegurarte de que apoyen un flujo saludable de dopamina.

Conclusión: El camino hacia el equilibrio de la dopamina

A lo largo de este libro, hemos explorado cómo la dopamina influye en nuestras vidas, nuestra motivación y bienestar, y cómo podemos aprender a controlarla para potenciar nuestro rendimiento y satisfacción personal. Hemos visto que el equilibrio de la dopamina no es algo que se logre de manera instantánea, sino que requiere constancia, autoobservación y un enfoque consciente para crear hábitos saludables y un entorno favorable.

La dopamina es una herramienta poderosa que nuestro cerebro utiliza para guiarnos hacia las metas, pero como cualquier sistema, necesita ser gestionada con sabiduría. Si bien los desafíos y altibajos son inevitables, tener un enfoque equilibrado hacia el control de la dopamina puede transformar nuestra vida diaria, ayudándonos a ser más productivos, felices y satisfechos con nuestras elecciones.

Recuerda que el proceso de autodescubrimiento y equilibrio es único para cada persona. Los hábitos, la autorregulación emocional, el descanso adecuado y la conexión con los demás son esenciales, pero cada uno de nosotros debe encontrar lo que realmente nos funciona y nos ayuda a prosperar. No se trata solo de alcanzar metas, sino de disfrutar del proceso y de las pequeñas recompensas diarias.

El equilibrio de la dopamina no solo es una meta, sino un viaje constante. Al implementar las estrategias que has aprendido aquí, estás tomando el control de tu mente y tu vida. ¡Y eso es solo el comienzo!

FIN